SUCCESSION DE M. B. — (1re PARTIE)

Vente du Samedi 23 Mai 1914

HOTEL DROUOT — SALLE N° 11

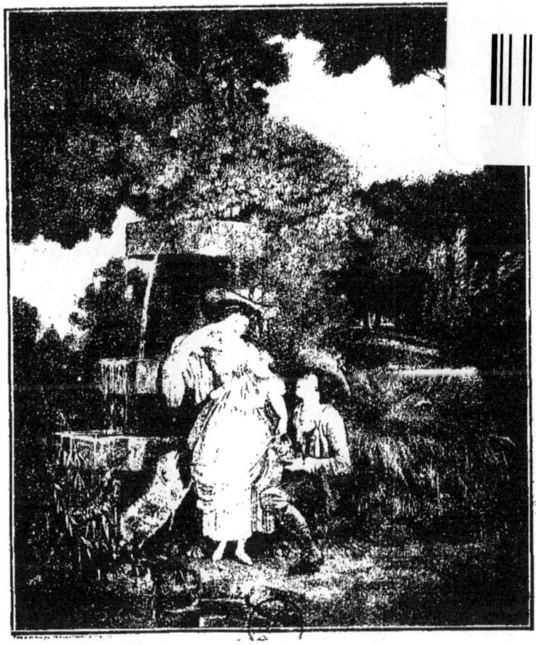

N° 38 du Catalogue

ESTAMPES

DU

XVIIIe SIÈCLE

Me ANDRÉ DESVOUGES. M. LOYS DELTEIL.

EXPOSITION PUBLIQUE, HOTEL DROUOT, SALLE N° 11
le Vendredi 22 Mai 1914, de 2 heures à 6 heures.

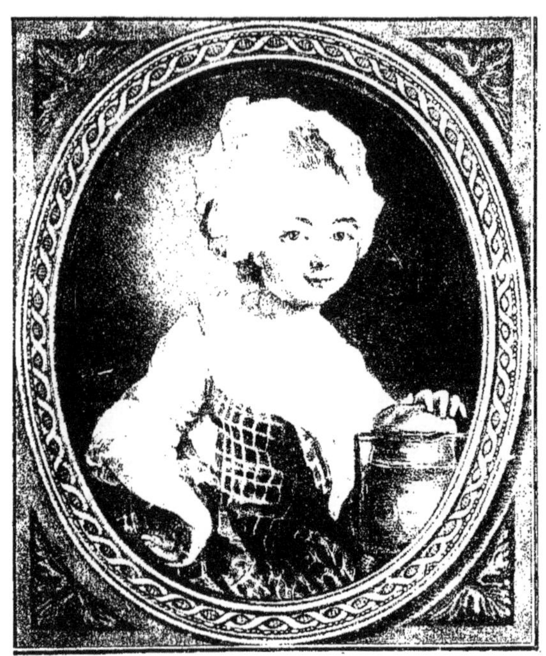

N° 12 du Catalogue.

FRAZIER-SOYE, IMP. PARIS.

CATALOGUE
D'ESTAMPES

DU

XVIIIe SIECLE

COMPOSANT LA PREMIÈRE PARTIE

DE LA

VENTE APRÈS DÉCÈS DE M. B.

ŒUVRES

DE

ALIX, BARTOLOZZI, BAUDOUIN, BONNET,
BOSIO, CARESME, DEBUCOURT,
DEMARTEAU, FRAGONARD, FREUDEBERG,
GAUTIER-DAGOTY, GUYOT,
HUET, JANINET, LAVREINCE, MALLET,
MONNET, MOREAU LE JEUNE, MORLAND,
REYNOLDS, SAINT-AUBIN, SERGENT,
SMITH, TAUNAY, VERNET, WATTEAU, etc.

Dont la vente aura lieu

à Paris, HOTEL DROUOT, Salle N° 11

Le Samedi 23 Mai 1914

à 2 heures précises

Par le Ministère de Me ANDRÉ DESVOUGES

COMMISSAIRE-PRISEUR

26, Rue de la Grange-Batelière

Assisté de M. LOYS DELTEIL, Graveur et Expert

2, Rue des Beaux-Arts

CONDITIONS DE LA VENTE

Elle sera faite au comptant.

Les adjudicataires paieront *dix pour cent* en sus des enchères.

M. Loys Delteil remplira les commissions que voudront bien lui confier les amateurs ne pouvant y assister.

MM. les Amateurs pourront visiter la collection, 2, *rue des Beaux-Arts*, du Mercredi 13 au Vendredi 22 Mai 1914 *(le Dimanche excepté)*.

Exposition Publique, Hotel Drouot, Salle N° 11.

Le Vendredi 22 Mai 1914, de 2 heures à 6 heures.

DÉSIGNATION

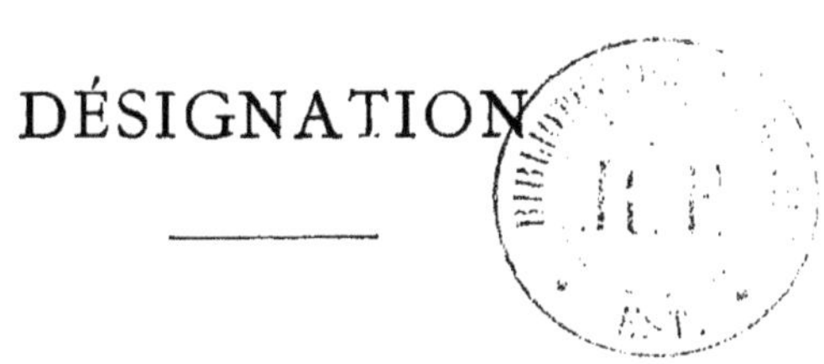

ALIX (P.-M)

1. Le Général Buonaparte, d'ap. Appiani, 1798. Très belle épreuve.

2. Napoléon (S. A. I. le Pce Eugène). Très belle épreuve, *imp. en couleurs.*

3. Mlle Maillard, du Théâtre des Arts, d'apr. Garneray. Très belle épreuve, *imp. en couleurs.*

BARTOLOZZI (F.)

4. *The Right Honorable Lady Catherine Beauclerk,* d'apr. F. Cotes, 1778. Belle épreuve, *tirée en sanguine* (légères épidermures).

5. *Lord Thomas and Fair Annett,* d'apr. H. Bunbury, 1784. Deux très belles épreuves, une *avant la lettre, tirée en bistre.*

BAUDOUIN (d'après P.-A.)

6. L'Agréable négligé, par Janinet (E. B. 28 A.). Belle épreuve, *imp. en couleurs,* (remmargée). Encadrée.

6 *bis.* L'Epouse indiscrète, par N. De Launay (21). Très belle épreuve, toutes marges.

7. Sa Taille est ravissante, par Le Beau (43). Très belle épreuve.

BAUDOUIN & HUET (d'après)

8. Le Goûter — Le Déjeuné — Le Souper. Trois pièces (d'une suite de quatre) par Bonnet. Très belles épreuves, *imp. en couleurs*, les deux premières avec filet de marge, la dernière sans marge (remmargée et restaurée). Encadrées.

BOILLY (d'après L.)

9. L'Optique, par F. Cazenave. Très belle épreuve, *imp. en couleurs* et rehaussée. Petites marges. Encadrée.

BONNET (L.-M.)

10. L'Amour prie Vénus de lui rendre ses armes, d'apr. F. Boucher (n° 17). Superbe épreuve *tirée en 3 tons*.

11. *The Mariage Presents* (n° 305). De forme ovale. Très belle épreuve, *imp. en couleurs*.

12. *The Milk Woman*, 1774. Très belle épreuve, *imp. en couleurs, avec l'encadrement tiré en or* (le titre coupé à mi-hauteur des lettres).

13. The Milk Woman — The Woman Taking Coffee. Deux pièces de forme ovale, se faisant pendants. Belles épreuves, *imp. en couleurs*.

14. *The Pretty Noesgay Garle*, d'apr. J. B. Greuze. De forme ovale. Très belle épreuve, *imp. en couleurs*.

15. Provoking fidelity, d'apr. M. A. Parelle. Belle épreuve, *imp. en couleurs, avec l'encadrement tiré en or* (filet de marge, petites cassures et épidermures).

16. Buste de jeune Femme, d'apr. F. Boucher, 1767. Très belle épreuve, *imp. à l'imitation du pastel*. Encadrée.

17. Buste de jeune Femme, d'apr. Le Clerc (n° 229). Très belle épreuve, *imp. en couleurs*. Encadrée.

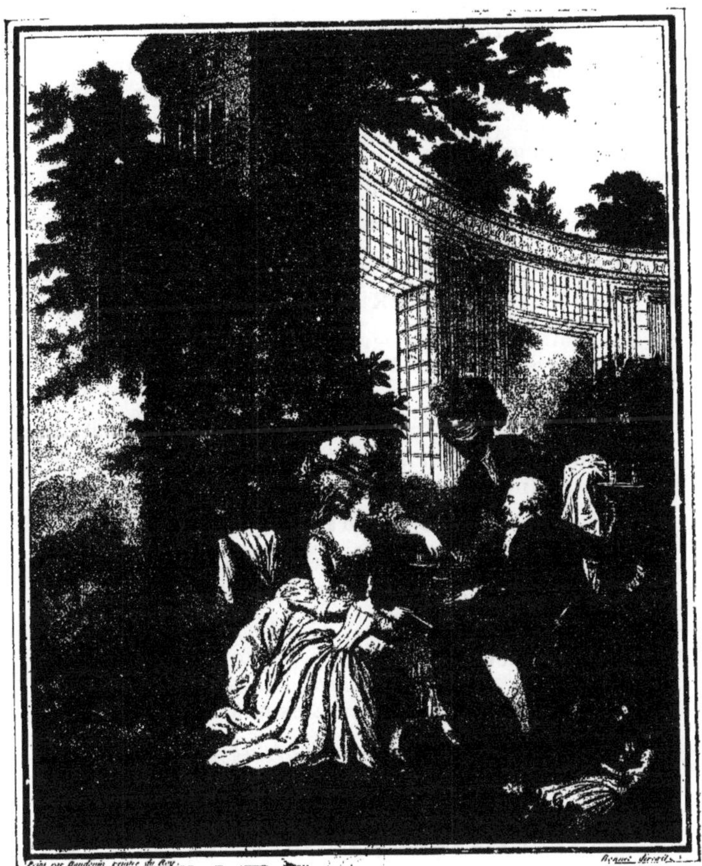

N° 8 du Catalogue.

18. La Cage ouverte — Le Chat au Guet. (nos 871 et 872). Deux pièces formant pendants. Très belles épreuves, *imp. en couleurs*. Encadrées.

19. La Promesse de Fidélité — Les Engagements réciproques. Deux pl., de forme ovale, se faisant pendants (nos 663-664). Très belles épreuves, *imp. en couleurs*.

BOSIO (d'après **D.**)

20. Bal de l'Opéra. Belle épreuve, *coloriée* (pli).

21. La Poule. Très belle épreuve, *coloriée*.

BOUCHER (d'après **F.**)

22. Le Sommeil de Vénus, par L. Bonnet. Très belle épreuve sur papier bleu, *avec* la planche de blanc. Encadrée.

23. Soins Maternels, par L. Bonnet (n°1). Très belle épreuve, *imp. en deux tons*, *avec* la planche de blanc. Encadrée.

CARESME (d'après **Ph.**)

24. L'Agréable Surprise, par Jubier. Très belle épreuve, *imp. en couleurs* (pli). Encadrée.

25. Le Berger couronné — La Bergère couronnée. Deux pièces par Janinet, se faisant pendants. Superbes épreuves, *imp. en couleurs*, grandes marges (légères épidermures à la 1re pl.).

26. *The Danger of Sleep — The true Paternal Care.* Deux pl. par L.-M. Bonnet, se faisant pendants. Belles épreuves, *imp. en couleurs*. Encadrées.

CHARDIN (d'après **J.-B.-S.**)

27. La Pourvoyeuse, par Lépicié (45). Superbe épreuve, *avec* les trémas.

CHEVAUX (d'après)

28. Héloïse et Abeilard. Deux pl., de forme ovale, par Mixelle, se faisant pendants. Très belles épreuves, *imp. en couleurs*.

29. La Bonne Maman — La Bonne Nourrice. Deux pl. par Pitou, se faisant pendants (nos 685-686). Très belles épreuves, *imp. en couleurs* et rehaussées.

CIPRIANI (d'après G.-B.)

30. *Portrait of a Girl*, par R. Earlom. Très belle épreuve, *tirée en 2 tons*.

COPIA (L.)

31. Aventures de Télémaque. Suite de quatre petites planches ovales, d'après Boizot et Angélica Kauffman. Très belles épreuves, *imp. en couleurs* (2 *avant la lettre*).

COSWAY (d'après R.)

32. Mrs Fitzherbert, par J. Condé. Belle épreuve.

COUTELLIER

33. Mme Julien. De forme ovale. Très belle épreuve, *imp. en couleurs*.

DAVESNE (d'après)

34. Les Cerises — Les Prunes. Deux pièces de forme ovale, par G. Vidal, se faisant pendants. Très belles épreuves, *imp. en couleurs*, avec légers rehauts (petites marges coupées en ovale).

DEBUCOURT (P.-L.)

35. Les deux Baisers, 1786. (M. F. 7). Très belle épreuve, *imp. en couleurs*. Encadrée.

36. Le Menuet de la Mariée (8). Très belle épreuve, *imp. en couleurs* (petite cassure). Encadrée.

37. Promenade de la Gallerie du Palais-Royal (11). Belle épreuve, *imp. en couleurs*, *avec* la faute (petites restaurations). Encadrée.

38. Heur et malheur ou la Cruche cassée — L'Escalade ou les Adieux du Matin. Deux pièces se faisant pendants (12-13). Très belles épreuves, *imp. en couleurs*. Encadrées.

39. La Rose — La Main (17-18). Deux pièces se faisant pendants. Très belles épreuves, *imp. en couleurs* (remmargées sur 3 côtés).

40. La Rose mal défendue — La Croisée (27-28). Deux pièces se faisant pendants. Très belles épreuves. *imp. en couleurs*.

41. La Promenade Publique. 1792 (33). Très belle épreuve, *imp. en couleurs* (remmargée sur 3 côtés). Encadrée.

42. Les Courses du Matin, ou la Porte d'un riche (173). Très belle épreuve.

43. Frascati (196). Belle épreuve, *coloriée* (remmargée sur 3 côtés). Encadrée.

44. La Manie de la Danse (210). Très belle épreuve.

DEBUCOURT (P.-L.) — LE CŒUR (L.)

45. Annette et Lubin (M. F. 22) — La Vieillesse d'Annette et Lubin. Deux pièces se faisant pendants. Très belles épreuves, *imp. en couleurs*, la 1re *avec* la date à la pointe.

DE MACHY (d'après P.-A.)

46. Vue des Tuileries du côté du Pont Tournant, par Descourtis. Très belle épreuve, *imp. en couleurs*.

DEMARTEAU (G.)

47. Le Soir, d'apr. J.-B. Huet. Belle épreuve, tirée en plusieurs tons.

48. La Laitière, d'apr. J.-B. Huet (407). Belle épreuve, *imp. en 2 tons*, (légère restauration). Encadrée.

N° 176 du Catalogue.

49. L'Enfant et son pigeon et pendant (nos 491-492). Deux pièces, d'apr. J.-B. Huet. Belles épreuves, *tirées en 3 tons.*

50. Paysanne et son chien, d'apr. J.-B. Huet (n° 517). Très belle épreuve, *tirée en 2 tons.* Encadrée.

51. Pastorale, d'ap. J.-B. Huet (n° 583). Belle épreuve, *imp. en couleurs* et rehaussée.

52. Grandes Pastorales, d'après J.-B. Huet (n° 616-617). Deux pièces se faisant pendants. Très belles épreuves, *imp. en couleurs* (légères épidermures).

53. Idylles, de Gessner, d'apr. Le Barbier (n° 622-623). Deux pl. se faisant pendants. Très belles épreuves, *imp. en couleurs.*

54. Bacchanales, d'apr. Le Barbier l'aîné (n° 625-626). Deux pièces de forme ronde, se faisant pendants. Très belles épreuves, *imp. en couleurs* (la marge restaurée à l'angle inférieur droit au n° 625).

55. Jeune Femme au Voile, d'après Boucher. Très belle épreuve *imprimée en trois tons.* Sans marge. Encadrée.

DESCOURTIS (C. M.)

56. Environs de Rome, d'après De Machy. Deux pièces de forme ronde, se faisant pendants. Très belles épreuves, *imp. en couleurs.*

DESRAIS (d'après C.-L.)

57. Le Moment dangereux. De forme ovale. Très belle épreuve, *imp. en couleurs.*

DICKINSON (W.)

58. Lydia, 1779. De forme ovale. Très belle épreuve.

DOUBLET (d'après)

59. Ariette de Rosette et Colas — Quatuor de Lucile. Deux pièces par J.-N. Boillet, se faisant pendants. Très belles épreuves, *tirées en sanguine.*

DROUAIS (d'après F. H.)

60. Du Barry (Me la Comtesse) par Beauvarlet. Très belle épreuve *avant la lettre*. Encadré.

EISEN (d'après Ch.)

61. Le Jour — La Nuit. Deux pl., par Patas, se faisant pendants. Très belles épreuves.

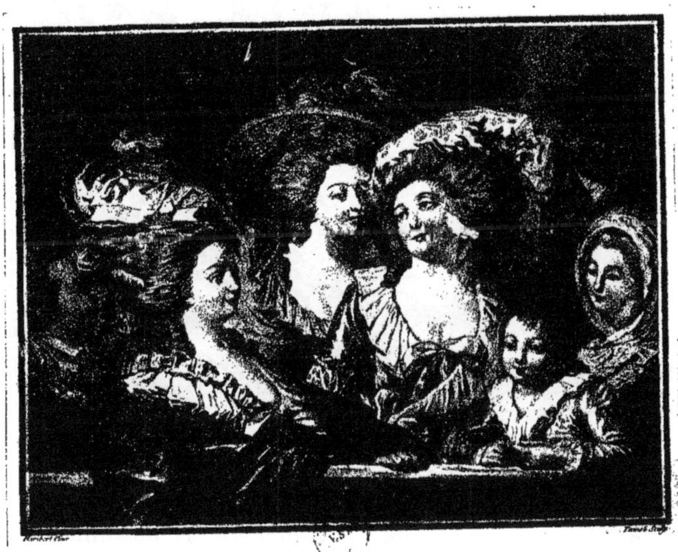

N° 156 du Catalogue.

62. Les Désirs satisfaits — La Vertu sous la garde de la Fidélité. Deux pl. par Le Beau et Patas, se faisant pendants. Très belles épreuves.

FESSARD (Etienne)

63. Bal de Saint-Cloud, d'ap. Lavallée Poussin. Deux belles épreuves, une à l'état *d'eau-forte pure*.

FRAGONARD (Honoré)

64. L'Armoire, 1778, (P. de B. 2). Très belle épreuve, *avant* l'adresse de Naudet.

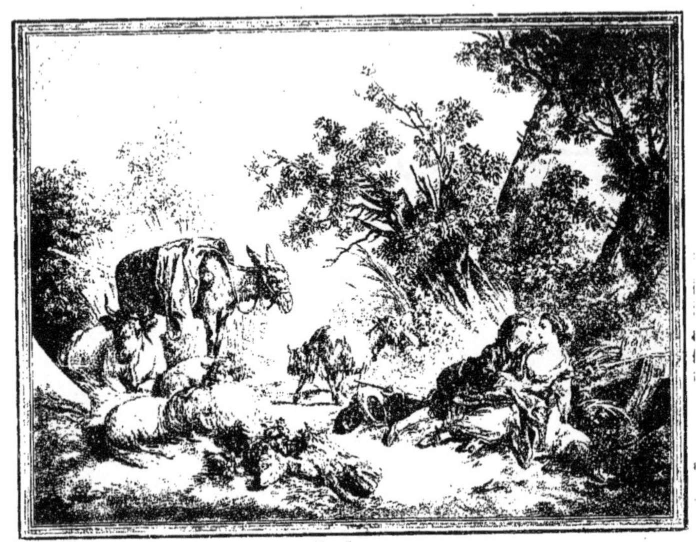

N° 52 du Catalogue.

FRAGONARD (d'après H.)

65. La Coquette fixée, par Couché et Dambrun. Très belle épreuve, toutes marges.

FRESLHIEN (P.)

66. Estaing (Ch. Henri, Cte d'). Très belle épreuve, *imp. en couleurs.*

FREUDEBERG (S.)

67. Les Chanteurs du Mois de May — La Petite Fête imprévue, 2 pl. par F. G. Lardy, se faisant pendants. Très belles épreuves, *imp. en couleurs.*

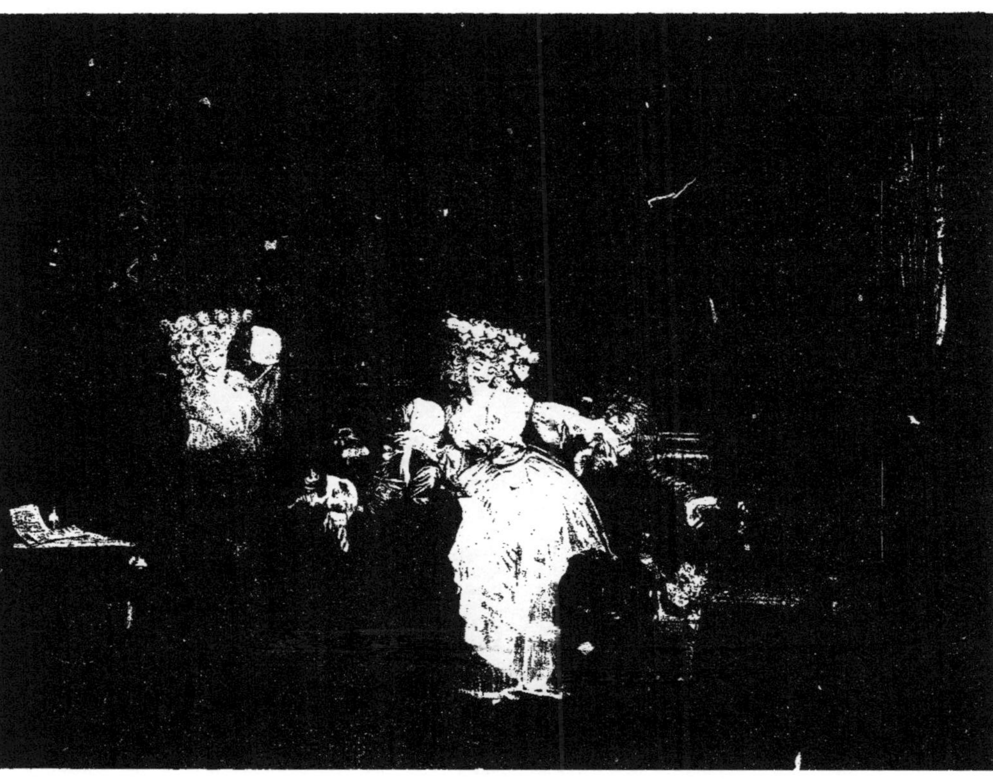

N° 35 du Catalogue.

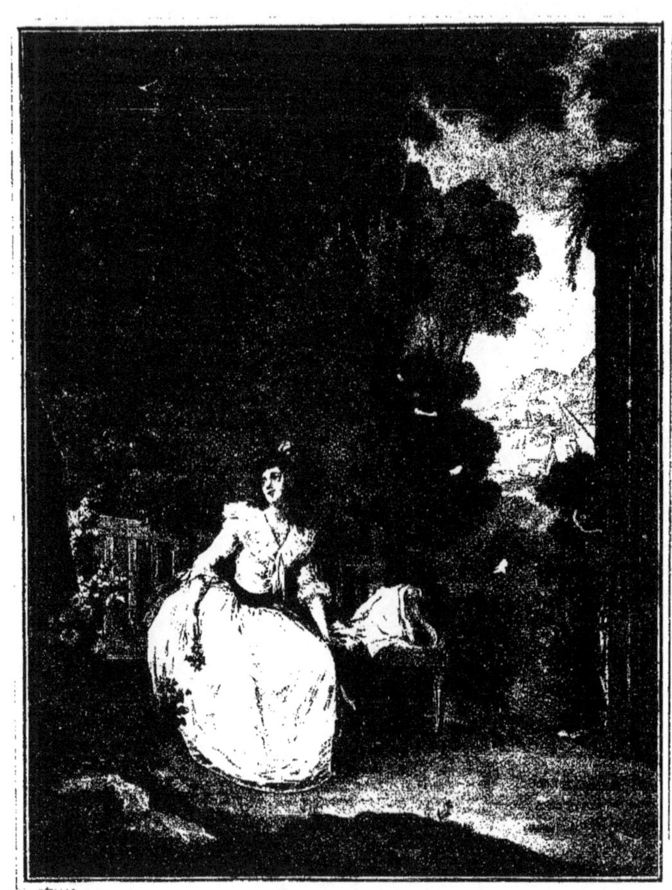

N° 101 du Catalogue.

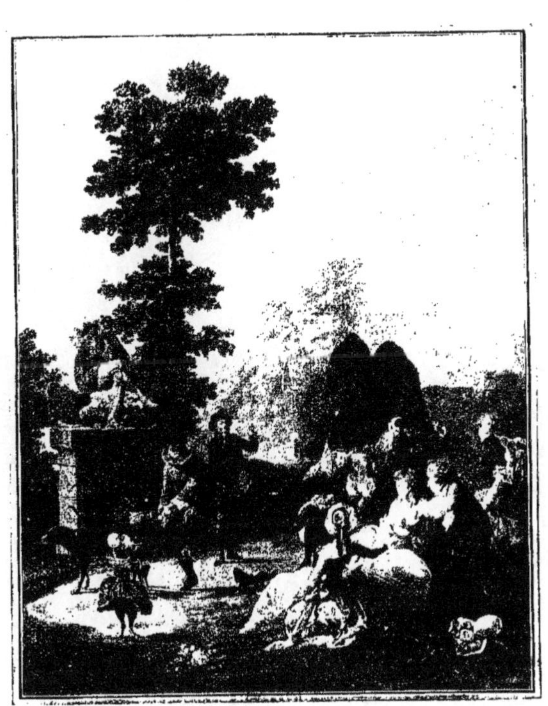

N° 170 du Catalogue.

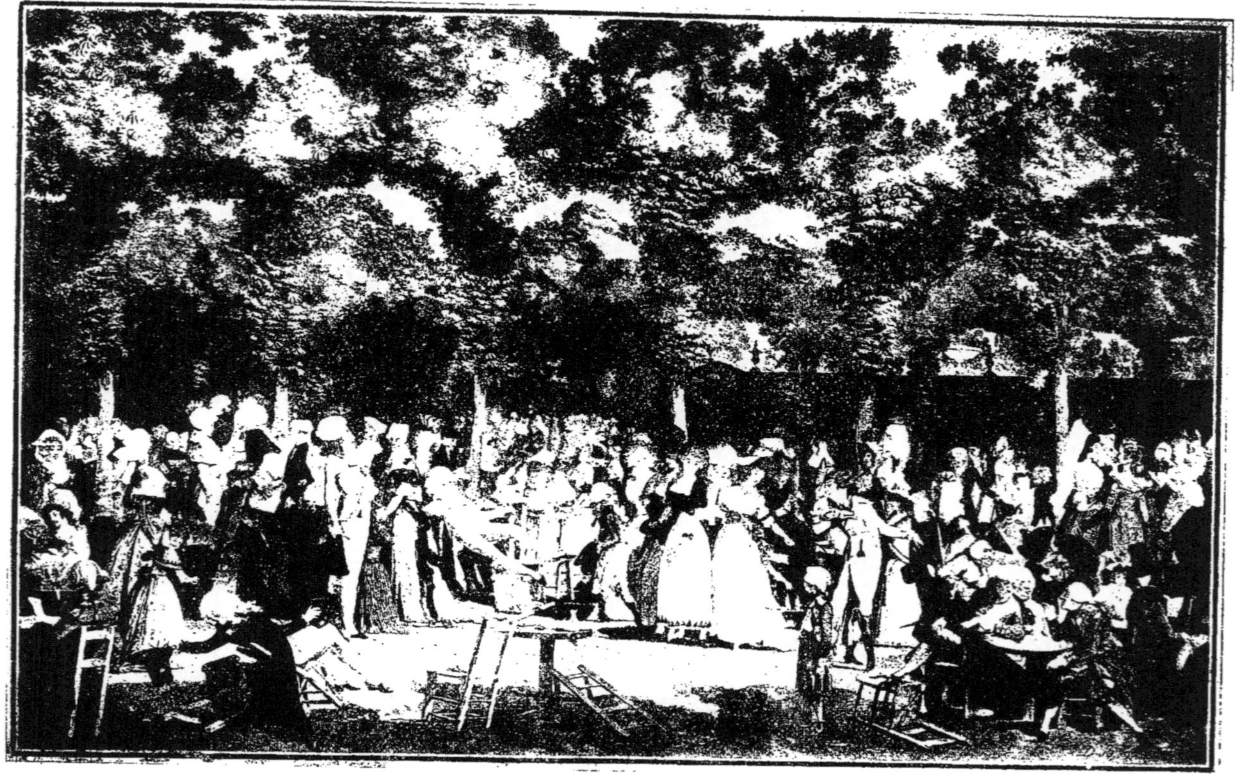

N° 40 du Catalogue.

68\. Départ du Soldat Suisse — Retour du Soldat Suisse. Deux pl., se faisant pendants. Belles épreuves, *coloriées*.

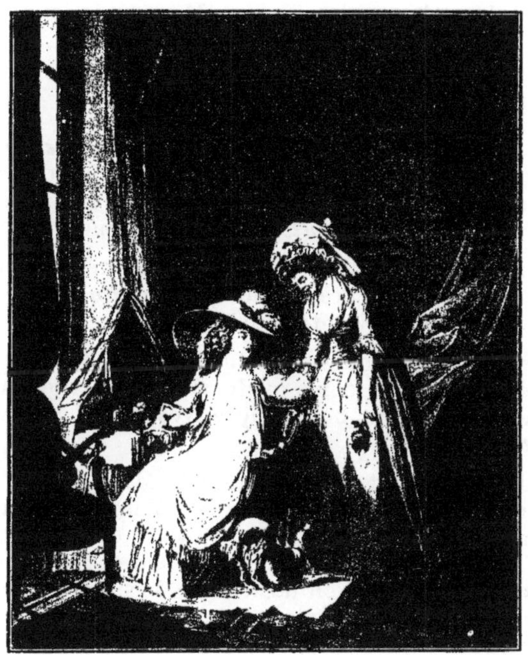

N° 123 du Catalogue.

FREUDEBERG (d'après S.)

69\. La Complaisance Maternelle, par N. De Launay. Belle épreuve *tirée en 2 tons* (bistre et sanguine) et *coloriée*.

GAUTIER-DAGOTY

70\. Mlle Du Barry et son nègre Zamore. Très belle épreuve *imprimée en couleurs*. Filet de marge. Encadrée.

GREUZE (d'après J. B.)

71. La Pelotonneuse endormie, par Jardinier. Très belle épreuve, toutes marges.

72. La Philosophie endormie, par Moreau le jeune et Aliamet. Très belle épreuve.

GUYOT (L.)

73. Les Soins maternelle (sic) et la *Lecture interrompu* (sic). Deux sujets de forme ronde, d'après Van Gorp, gravés sur le même cuivre. Superbe épreuve, *imp. en couleurs*, grandes marges.

74. Ruine d'une Gallerie antique de Rome, d'après Hubert Robert. Très belle épreuve *imprimée en couleurs* (pli d'impression). Encadrée.

75. Vue de Forum romain — Vue du Port de Gênes. Deux pièces de forme ovale, d'après Perignon et Genillon. Très belles épreuves, *imp. en couleurs*.

76. Jardin Anglais de M. le Comte de M. — Vue d'un Jardin Anglais, près Paris — Vue d'un Jardin Anglais, près Versailles — Vue de la Petite Chaumière — Vue de la Chapelle de l'Hermitage — Vue du Ki-ouk chinois. Suite de six petites pl., de forme ronde, d'apr. Pernet et Sergent. Superbes épreuves, *imp. en couleurs*, toutes marges.

77. Sujets d'Enfants. Cinq petites pièces de forme ronde. Très belle épreuve, *imp. en couleurs*.

HARDING (d'après)

78. *Florizel et Perdita*, par P. W. Tomkins, 1782. De forme ronde. Très belle épreuve.

HOPPNER (d'après)

79. Cecilia, par J. Baldrey, 1782. Belle épreuve.

HUET (J.-B.)

79 *bis*. La Petite Fermière, 1770. Très belle épreuve.

HUET (d'après J.-B.)

80. La Famille Royale de France (7 médaillons dans un encadrement orné), par Briceau. Très belle épreuve *imprimée en deux tons* (cassure). Encadrée.

81. L'Amant écouté — L'Eventail cassé. Deux pièces, par Bonnet, se faisant pendants. Très belles épreuves, *avant la lettre, imp. en couleurs*.

82. L'Amour offrant des présents à Ariane — Offrande présentée par l'Amour à la Fidélité. Deux pièces, par Bonnet, se faisant pendants. Très belles épreuves, *imp. en couleurs*.

83. The Balance, par Bonnet, 1787. Très belle épreuve, *imp. en couleurs*, avec la légende en italien et en anglais.

84. Les Belles Vendangeuses — Le Repas des Vendangeuses. Deux pièces par J.-A. Léveillé, se faisant pendants. Très belles épreuves.

85. La Brodeuse au tambour — La Racommodeuse de dentelle. Deux pièces, par L.-M. Bonnet, se faisant pendants. Superbes épreuves, *imp. en couleurs*.

86. Colin-Maillard, par Bonnet. Très belle épreuve, *imp. en couleurs* (très légère épidermure).

87. La Conversation, par Bonnet. Très belle épreuve, *imp. en couleurs*.

88. Le Départ d'une Foire, par Jubier. Epreuve, *imp. en couleurs*. (Salie).

89. Le Dîner, par Bonnet. Très belle épreuve, *imp. en couleurs*. Encadrée.

90. La Fidélité couronne l'Amour — La Douceur et l'Amitié enchaînent l'Amour. Deux pl., par F.-J. Wolff, se faisant pendants. Très belles épreuves, *imp. en couleurs.*

91. Le Goûter champêtre, par Jubier. Belle épreuve, *imp. en couleurs.*

92. Offrande à l'Himen — Offrande à l'Espérance. Deux pièces, par L.-M. Bonnet, se faisant pendants. Très belles épreuves, *imp. en couleurs.*

93. Le Pas de Menuet, par Bonnet. Très belle épreuve, *imp. en couleurs*, légers rehauts.

94. La Recherche des Appas, par Dnarwell (Legrand). Superbe épreuve, *imp. en couleurs.*

95. Les Echasses, par Bonnet. Belle épreuve, *imp. en couleurs.* Encadrée.

96. La Musique — La Peinture. Deux pl., par Mallet, se faisant pendants (nos 1064-1065). Très belles épreuves, *imp. en couleurs* (épidermure restaurée à une pl.)

JANINET (J.-F.)

97. Marie-Antoinette d'Autriche, 1777. Belle épreuve, *imp. en couleurs* sans marge. (On a joint le cadre moderne). Encadrée.

98. Les Sentiments de la Nation d'après J.-B. Huet. Très belle épreuve, *imp. en couleurs.* Encadrée.

99. Mademoiselle du T... (Duthé), d'après Lemoine. Très belle épreuve, *imp. en couleurs.* (On a ajouté le cadre moderne). Encadré.

100. Benjamin Franklin, 1789. Belle épreuve, *imp. en couleurs.*

101. Nina, d'ap. Cl. Hoin, 1787. Très belle épreuve, *imp. en couleurs.* Encadrée.

102. Le Sommeil d'Ariane, d'ap. Charlier. De forme ronde. Très belle épreuve, *imp. en couleurs* (petite épidermure).

103. L'Aimable Paysanne, d'après Saint-Quentin. Très belle épreuve, *imp. en couleurs* (trace du pli).

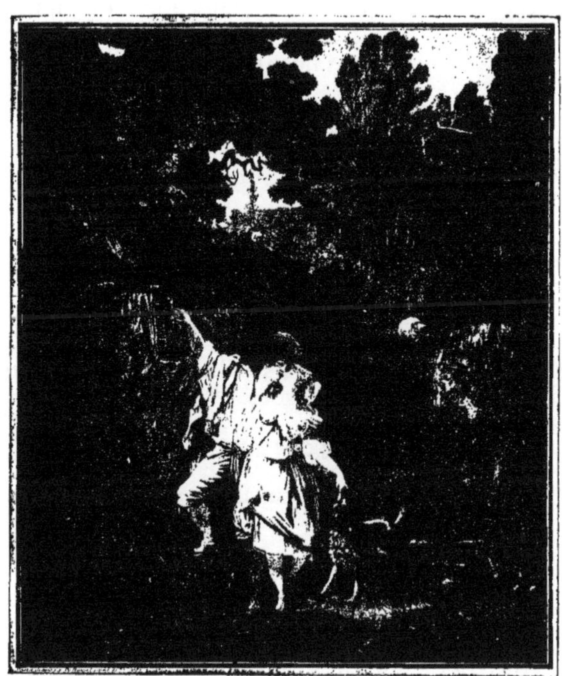

N° 38 du Catalogue.

104. L'Amour — La Folie. Deux pièces d'ap. H. Fragonard, se faisant pendants. Très belles épreuves, *imp. en couleurs*, petites marges coupées en ovale (la pl. de *La Folie*, *signée* au verso par le graveur). Encadrées.

105. La Noce de Village, d'après Wille fils. Très belle épreuve, *imp. en couleurs* (sans marge).

106. Colonade et Jardins du Palais Médicis, d'apr. Hubert Robert. Très belle épreuve, *imp. en couleurs*. Encadrée.

107. Restes d'un Ancien Temple aux Environs de Puzzole, d'apr. Clericeau, 1776. Superbe épreuve, *imp. en couleurs*. Encadrée.

108. Restes du Palais du pape Jules, d'apr. H. Robert. Très belle épreuve, *imp. en couleurs*.

109. Villa Sachetti, d'apr. Hubert Robert. 1778. Très belle épreuve.

110. Cinq Têtes de Femmes. Superbe épreuve, *imp. en couleurs*.

JAZET (J.-P.-M.)

111. Les Saisons. Suite de 4 pl. Belles épreuves, *imp. en couleurs* et rehaussées.

JOHNSTON (d'après)

112. L'Accord, par Noël jeune. Belle épreuve, *imp. en couleurs*.

KAUFFMAN (d'après Angelica)

113. *Her Grace the Dutchess of Devonshire and Viscountess Duncannon*, par W. Dickinson, 1782. Très belle épreuve, *imp. en sanguine* (légères épidermures).

114. *Lady Rushout and Daughter*, par T. Burke. Très belle épreuve, *imp. en sanguine*. Encadrée.

115. L'Image de la Beauté — L'Image de la Frivolité. Deux pièces de forme ovale, par Bonnet, se faisant pendants. Superbes épreuves, *imp. en couleurs* (petite piqûre à 1 pl.).

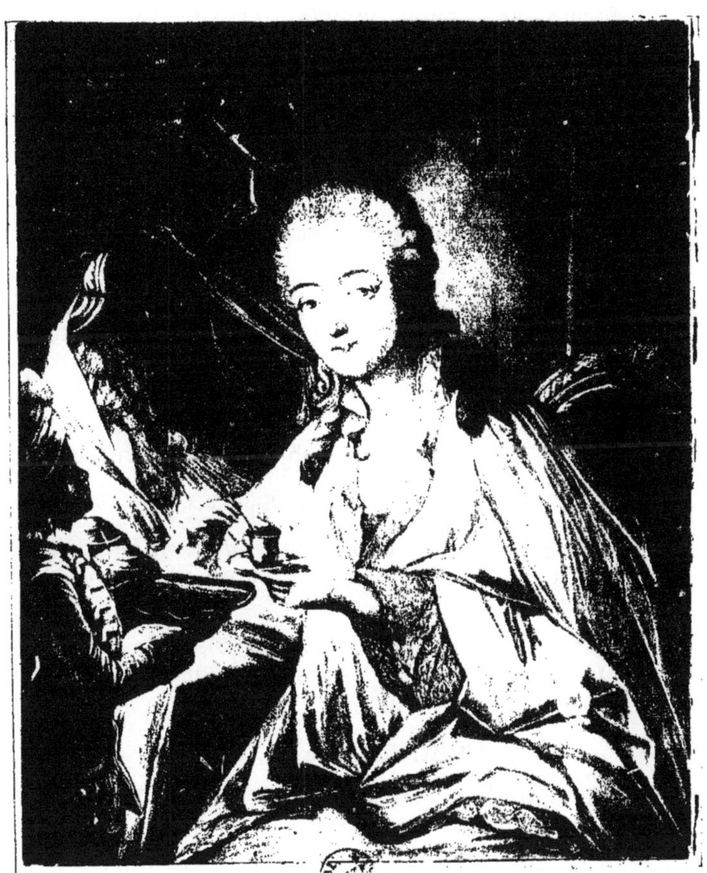

N° 70 du Catalogue.

116. *Brotherly affection*, par W. Sedgwick, 1786. De forme ovale. Belle épreuve, *tirée en sanguine.*

117. *Cupid struggling with the Graces...*, par G. Scorodomoff, 1777. Très belle épreuve, *tirée en sanguine.*

118. *Dido*, par J.-M. Delattre, 1780. Superbe épreuve, *tirée en sanguine*, toutes marges.

KOSTER (d'après S. de)

119. *Louis 16th King of France — Marie Antoinette Queen of France.* Deux pièces par J. Daniel et J. Murphy, 1793, se faisant pendants. Très belles épreuves. Rares.

LANCRET (d'après Nicolas)

120. L'Hiver par J.-Ph. Le Bas (40). Très belle épreuve.

LAURENCE (d'après Sir Th.)

121 *The Right Honble Lady Dover, and her Son...*, par S. Cousins (52). Belle épreuve du 5e état (sur 7), (jaunie).

122. Master Lambton, par S. Cousins (98). Belle épreuve *avant* les mots : *The Son...* etc. et *avant* l'adresse de Giraldon-Bovinet.

LAVREINCE (d'après Nic.)

123. L'Aveu difficile, par F. Janinet (E. B. 8). Très belle épreuve, *imp. en couleurs.*

124. La Balancoire mystérieuse — Les Nymphes scrupuleuses (9 et 42). Deux pièces, par G. Vidal, se faisant pendants. Très belles épreuves, toutes marges.

125. La Comparaison, par F. Janinet (12). Très belle épreuve, *imp. en couleurs* (très légère restauration).

126. Le Contretemps, par Dequevauviller (15). Belle épreuve, *avec* la 1re adresse.

127. L'Indiscrétion, par F. Janinet (30). Belle épreuve, *imp. en couleurs.*

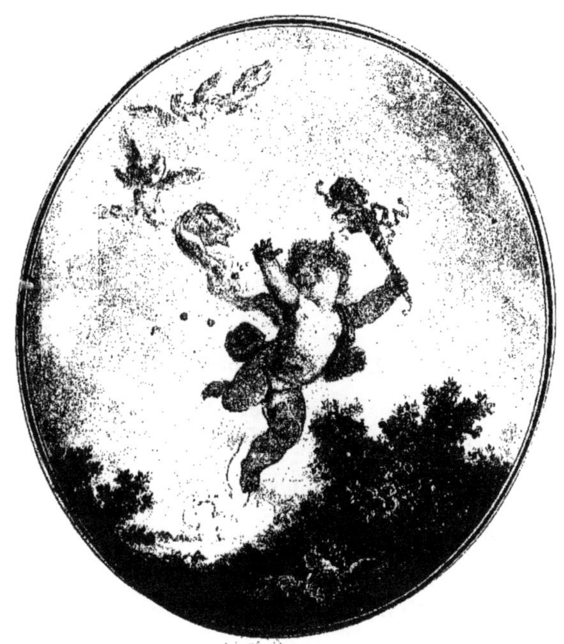

N 104 du Catalogue.

128. Le Lever des Ouvrières en Modes, par F, Dequevauviller (36). Belle épreuve *avec* l'adresse du graveur.

129. La Soubrette confidente, par G. Vidal (61). Très belle épreuve, toutes marges.

LE BRUN (d'après L.)

130. L'Heureux Ménage ou les Epoux vertueux — L'Epouse mal gardée ou le Mariage à la Mode — Le Charme de la Liberté ou l'Amour vainqus (sic) — La Liberté perdue ou l'Amour couronné. Suite de 4 pl. par Dambrun. Très belles épreuves (petites cassures à une pl.)

LE CLERC (d'après)

131. Louis XVI — Marie Antoinette. Deux pièces par Dupin, se faisant pendants. Belles épreuves, *coloriées.*

LE CŒUR (L.)

132. Serment fédératif du 14 Juillet 1790, d'apr. Swebach-Desfontaines. Belles épreuves, *imp. en couleurs.*

LEROY (d'après)

133. Coucou, par P. Beljambe. De forme ovale. Très belle épreuve, *imp. en couleurs.*

LEVILLY (J.-P.)

134. La Fuite à dessein. Très belle épreuve, *imp. en couleurs.*

LONGUEIL (Joseph De)

135. Les Dons imprudents — Le Retour à la vertu. Deux pièces se faisant pendants. Superbes épreuves, *imp. en couleurs.*

136. Les Dons imprudents. Très belle épreuve, *imp. en couleurs.*

MALLET (d'après J.-B.)

137. La Nouvelle Intéressante, par Mixelle. Belle épreuve, *imp. en couleurs.*

MALLET

138. La M^de^ de Bignets (sic) — La Ravaudeuse. Deux pièces, d'après Briche, se faisant pendants. Belles épreuves, *imp. en couleurs* Rares.

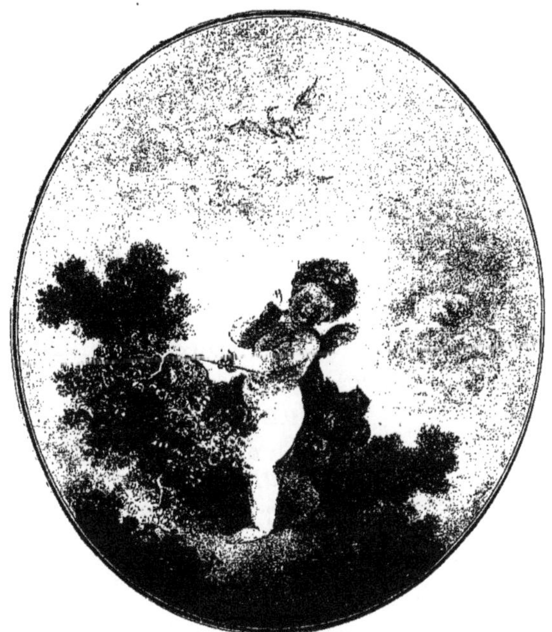

N° 104 du Catalogue.

MONNET (d'après Ch.)

139. L'Amour est de tout âge — Le Larcin. Deux pl., par Robillac, se faisant pendants. Belles épreuves *imp. en couleurs.*

MOREAU LE JEUNE (d'après J.-M.)

140. N'ayez pas peur, ma bonne Amie par Helman. Belle épreuve, *avant la lettre.*

141. Les Délices de la Maternité, par Helman. Belle épreuve, toutes marges.

142. Oui ou Non; par N. Thomas. Belle épreuve, toutes marges.

143. La Dame du Palais de la Reine, par Martini. Belle épreuve, *avant toute lettre* (pli et petites cassures). Encadrée.

MORLAND (d'après G.)

144. *The Squiere's Door*, par Lévilly. Belle épreuve, tirée *ton bistré*.

145. *Louisa*. Deux pièces par T. Gaugain, formant pendants. Très belles épreuves *imp. en couleurs*. Encadrées.

146. *Domestic Happiness — The Fair Penitent*. Deux pl. par Barlolotti. Belles épreuves, *tirées en bistre*.

147. *Constancy — Variety*. Deux pl. par Bartolotti. Belles épreuves.

MORRET (J.-B.)

148. Bonaparte, 1er Consul, d'après Appiani. Très belle épreuve, *imp. en couleurs*. Rare.

MOUCHET (d'après F.)

149. Le Larcin d'Amour, par Mansol. Très belle épreuve, *imp. en couleurs*, avec rehauts.

NERBÉ

150. Familiarité dangereuse. Très belle épreuve, *avant toute lettre*.

PERNET (d'après P.)

151. Vue des Environs de Rome, par Demachy. De forme ovale. Belle épreuve, *imp. en couleurs*.

152. Ruines Romaines, par L. Guyot. In-fol. de forme ovale. Très belle épreuve, *imp en couleurs*.

PITOU

153. Le Désir de Charmer, d'apr. Mixelle. De forme ovale. Très belle épreuve, *imp. en couleurs*.

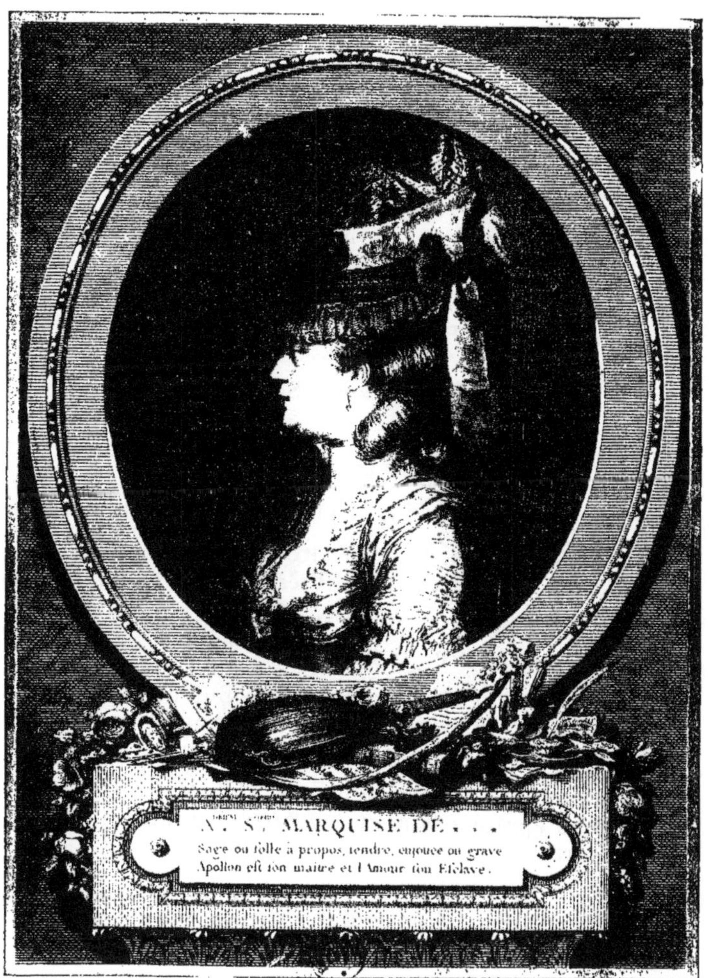

N° 167 du Catalogue.

QUEVERDO (d'après F.-M.)

154. La Fille surprise, par Patas. Très belle épreuve.

155. La Jouissance — Le Repos. Deux pl. par Martini et Dambrun, à toutes marges.

RAMBERG (d'après M.)

156. The Amiable Family — The Amiable Society. Deux pièces, par Bonnet, se faisant pendants. Très belles épreuves, *imp. en couleurs.*

157. *Her Royal Highness the Princess Mary*, par W. Nutter, 1789. Belle épreuve, *tirée en bistre.*

REYNOLDS (d'après Sir Joshua)

158. Lord Burgherst, par F. Bartolozzi, 1788. Très belle épreuve, *tirée en bistre.*

159. Lady Cadogan, par J. Dean, 1787. Belle épreuve.

160. Lord Grantham, Honble F. Robinson et Ph. Robinson, par T. Cheesman. Très belle épreuve.

161. A Bacchante (Emma Hart Lady Hamilton), par J.-R. Smith. Belle épreuve (filet de marge).

162. *The Affectionate Brothers* (les Enfants de lord Melbourne), par F. Bartolozzi, 1791. Très belle épreuve, tirée *en ton bistré.*

163. Parker (The Honble M^rs^), par Th. Watson. Très belle épreuve *imp. en ton bistré* (doublée). Encadré.

164. *Honble Mr Leicester Stanhope*, par F. Bartolozzi, 1789. Très belle épreuve tirée en *ton bistré.*

165. Felina, par J. Collyer, 1790. Très belle épreuve.

166. *Muscipula*, par J. Jones. Deux épreuves (une tirée en *ton bistré*).

SAINT-AUBIN (Augustin de)

167. Louise Emilie, Baronne De... — Adrienne Sophie, Marquise De... — (B. 7 et 173). Deux pièces formant pendants. Très belles épreuves, la seconde *avant* l'adresse. Encadrée.

168. Le Bal paré — Le Concert. Deux pl., par A.-J. Duclos, se faisant pendants (402-403). Belles épreuves (2 petites cassures à une pl.).

169. *The First Com best served*, par A. Sergent, 1786 (406). Belle épreuve, *tirée en bistre*.

170. L'Heureuse Mère (413) — La Tendresse Maternelle (415). Deux pièces, par Sergent, Gautier, Phelypeaux et Moret, se faisant pendants. Très belles épreuves, *avant toute lettre*, *imp. en couleurs*.

SERGENT (A. F.)

171. Marie-Thérèse-Charlotte de France, 1795. Très belle épreuve, *imp. en coulcurs* (petite épidermure).

172. Le Général Marceau, en pied. Très belle épreuve, *imp. en couleurs*, *avec* la lettre ouverte. Encadrée (piqûres).

SHELLEY (d'après Samuel)

173. *Mrs George Hay Drummond and Children*, par Caroline Watson, 1789. Très belle épreuve (piqûres).

SMITH (J.-R.)

174. Flirtilla. Belle épreuve, *tirée en bistre* (une partie de la légende coupée).

SMITH (d'après J.-R.)

175. The Mirror : Sevena and Flirtilla. Très belle épreuve, *imp. en couleurs*.

TAUNAY (d'après M.-A.)

176. Foire de Village — Noce de Village — La Rixe — Le Tambourin. Suite de quatre pièces, par C.-M. Descourtis. Belles épreuves, *imp. en couleurs* (les deux premières pl. du 1er tirage, *avec les armes.)*

177. Foire de village — Noce de village. Deux pl., par Descourtis, réduction. Très belles épreuves.

TOMKINS (d'après P.-W.)

178. L'Espièglerie — L'Innocent badinage. Deux petites pièces de forme ovale, se faisant pendants. Très belles épreuves, *imp. en couleurs.*

VERNET (H.) et LANTÉ

179. Incroyables et Merveilleuses. Suite de 33 pl., par Gatine, auxquelles on a joint : n° 22 (une seconde épr. de coloris diff.), n° 31 (pl. diff.) et une caricature : *Moi l'offre...*, etc. Très belles épreuves, *coloriées*, à toutes marges (sauf la pl. 33) en 1 alb. petit in-fol., cart.

WATTEAU (Antoine)

180. Figures de Modes (E. De Goncourt 3-9). Six pièces (sur 7). Très belles et très rares épreuves, *avant toute lettre*, à l'état *d'eau-forte pure.*

181. Le Galant, par B. Audran (276). Très belle épreuve, grandes marges.

182. Retour de campagne, par Cochin (53). Belle et très rare épreuve à l'état *d'eau-forte pure.*

WHEATLEY (d'après F.)

183. *Lindor and Clara.* Deux pl. par R. Stanier, se faisant pendants. Belles épreuves, *imp. en couleurs.*

Imp. FRAZIER-SOYE, 153-157, rue Montmartre.

www.ingramcontent.com/pod-product-compliance
Ingram Content Group UK Ltd.
Pitfield, Milton Keynes, MK11 3LW, UK
UKHW022318170726
13837UKWH00005BA/2052